LA GUERRE SINO-JAPONAISE

AUJOURD'HUI ET DEMAIN

PAR

ALBERT A. FAUVEL

ANCIEN FONCTIONNAIRE DES DOUANES CHINOISES

EXTRAIT DU *CORRESPONDANT*

(10 DÉCEMBRE 1894)

PARIS

DE SOYE ET FILS, IMPRIMEURS

18, RUE DES FOSSÉS-SAINT-JACQUES, 18

1894

LA GUERRE SINO-JAPONAISE

AUJOURD'HUI ET DEMAIN

LA GUERRE
SINO-JAPONAISE

AUJOURD'HUI ET DEMAIN

PAR

ALBERT A. FAUVEL

ANCIEN FONCTIONNAIRE DES DOUANES CHINOISES

EXTRAIT DU *CORRESPONDANT*

(10 DÉCEMBRE 1894)

PARIS

DE SOYE ET FILS, IMPRIMEURS

18, RUE DES FOSSÉS-SAINT-JACQUES, 18

1894

LA GUERRE SINO-JAPONAISE

AUJOURD'HUI ET DEMAIN

LA CHINE

Le 5 novembre dernier, le télégraphe nous annonçait que la Chine, chassée de la Corée par les Japonais et envahie par leurs troupes, se sentait incapable de résister à l'ennemi et demandait aux puissances européennes d'intervenir dans le conflit et d'arrêter la guerre. L'ambassadeur de Chine à Londres avait supplié l'Angleterre et la France de s'entremettre auprès du Mikado. Pour que l'orgueilleuse nation qui a toujours traité l'Occident du haut de son mépris en soit venue à demander l'aide de ses anciens vainqueurs, il faut qu'elle se sente à la dernière extrémité. C'est que en effet, sa flotte, qu'elle estimait aussi invincible que son armée, a été réduite à l'impuissance par la défaite sanglante que lui a fait subir, le 25 septembre, l'escadre du Japon à l'embouchure du fleuve du Canard-Vert, le *Ya-lu-kiang*. Le mot « brave », inscrit en gros caractères sur la poitrine et le dos de ses soldats, ne leur a pas donné assez de courage et de discipline pour résister aux petits mais vaillants soldats du Mikado, ces pygmées malfaisants; ces *Wo-jen*, comme ils les appelaient par dérision, d'un nom ancien et méprisé équivalent à celui de barbares ou sauvages. Les grands hommes du Nord, les solides Mandchous, prétendaient en riant que ces petits soldats nippons ne savaient pas courir. Ils ont appris aujourd'hui à leurs dépens qu'ils marchent, en tous cas, assez vite pour leur donner une chasse victorieuse. En moins de trois mois, ils ont débarrassé la Corée de toutes les troupes du Fils du Ciel. Au grand étonnement de celui-ci, ils les ont poursuivies sur le sol sacré de l'Empire du Milieu, et il a fallu leur abandonner successivement les villes de Wéi-tchéou, sur la frontière, puis celles de Kiu-lien-tcheng, de Fung-huang-tcheng. Port-Arthur, investi de toutes parts après la prise de Kin-tchéou et de Ta-lien-wan, vient d'être pris. C'est le grand arsenal maritime du Nord et le Gibraltar du golfe de Pétchili, et l'on peut dire que cette capitulation représente le Sedan de la Chine. Les Japonais n'y ont perdu que 250 hommes contre 3000 tués aux Chinois, et encore, embarrassés de nourrir plus de 12 000 prisonniers, ils ont facilité la fuite à une partie de la garnison. Ils ont trouvé dans l'arsenal une grande quantité d'armes, de vivres et munitions, ainsi qu'environ 15 000 tonnes de charbon, toutes choses des plus utiles pour leurs troupes et leur marine. Cela va leur permettre de tenir la campagne pendant tout l'hiver à l'état latent, pour la reprendre activement, s'il le faut, au printemps. Mais, glorieux de leur succès, ils sont déjà sur la route de Moukden, la ville sacrée de la Mandchourie, ainsi que sur celle de Pékin, la capitale de l'empire. L'une renferme, dit-on, le trésor impérial, l'autre abrite l'empereur lui-même, le Fils du Ciel, qui semble aujourd'hui abandonné de Dieu et des hommes.

L'empereur, d'un caractère très violent, s'emporte contre sa jeune femme, l'impératrice Yeh-ho-na-la, et la frappe. Celle-ci se venge à la mode chinoise, en s'empoisonnant. Dans de telles conjonctures, les Chinois n'hésitent pas à rendre l'empereur responsable de tous les maux qui tombent sur le pays, son caractère sacré disparaît, il n'est plus le Fils du Ciel. Les sociétés secrètes des vieux-frères, les *Ko-lao-huei* et celles des petits-frères, brûleurs de parfums, *Hsao-hsiang-ti-hsiong*, menacent de susciter une révolution dans les provinces du Centre et du Midi. Or, c'est sur les troupes de ces provinces que comptait le gouvernement pour défendre la capitale du Nord, Pékin. Malheureusement, la désorganisation est complète, et les mandarins chargés de payer l'armée ayant mis l'argent dans leur poche, les soldats refusent de marcher. Les plus braves d'entre eux, ceux du Hou-nan, n'ont pas l'air pressé de se mesurer avec les Japonais. Ceux du Nord en ont une telle peur, qu'ils désertent, comme à Nieou-tchouang, par exemple, avant même que les villes soient menacées. L'empereur, humilié, ne sachant plus à qui se fier, donne aux représentants des nations étrangères la première audience qu'ils aient jamais reçue, dans l'intérieur même de son palais, et cela sans les obliger aux rites chinois, fort humiliants, comme on le sait. Il leur demande aide, conseil et protection. Il ne sait, en effet, s'il ne va pas lui falloir abandonner Pékin, dont la prise par les Japonais serait pour la Chine l'abomination de la désolation, une honte mille fois plus dure à subir que celle d'une défaite totale par des Européens, Anglais, Français ou **Russes**. Aussi, au début de leurs revers, les Chinois affirmaient-ils partout qu'ils étaient battus par les Russes. D'un autre côté, où se réfugier? Jéhol, le rendez-vous de chasse de la cour, est en révolte contre l'empire; elle rappellerait, d'ailleurs, à Kuang-Sü la fin misérable de son prédécesseur, Hien-Foung, qui s'y pendit de désespoir, lors de l'entrée victorieuse des troupes alliées à Pékin en 1860. Moukden, la Mecque chinoise, également menacée par l'ennemi, est déjà à demi abandonnée par ses habitants. Les chemins du Nord sont donc fermés, et il est contraire aux usages de la cour de marcher à l'Ouest, où il n'y a, d'ailleurs, que le désert. Reste le Sud, c'est-à-dire les anciennes capitales de Si-ngan-fou, Nankin et Hang-tchéou. Or il y a un long ruban de route entre Pékin et ces villes. Avec les moyens de locomotion fort dignes mais peu rapides que possède la cour, il faudrait à l'empereur plus d'un grand mois de voyage pour gagner la plus proche des trois. Puis il n'est plus temps d'y songer; les Japonais victorieux sont à quelques jours de marche de Moukden et arriveront sous peu sous les murs de Pékin. L'empereur, épouvanté, abandonné des nations européennes que la Chine a trop longtemps bernées, est, dit-on, malade de la fièvre. Est-ce vraiment de cette maladie qu'il souffre? En tout cas, cette indisposition arrive bien mal à propos, et nous ne serions nullement étonnés d'apprendre sous peu que l'empereur est mort empoisonné. On n'a pas encore oublié les bruits sinistres qui coururent à Pékin au sujet de la mort de son jeune prédécesseur, l'empereur Toung-tché, dont la veuve périt peu de temps après empoisonnée. Le palais est peuplé de nombreux eunuques, dont la réputation détestable permet de croire qu'ils ne sont en rien inférieurs aux anciens muets du Sérail, leurs confrères de Constantinople.

Le gouvernement ayant avoué aux représentants des puissances son incapacité de résister aux Japonais, Kuang-Sü a, dit-on, demandé avis à deux Allemands, MM. G. Detring et von Hanneken. Le premier est commissaire de douanes à Tien-tsin et ami intime de Li-Hong-Chang; l'autre est l'organisateur de la défense des côtes et le commandant de l'escadre du Nord. Ils ont sans doute jugé que la Chine n'avait plus qu'à s'incliner devant son vainqueur, puisque, même avant d'avoir perdu Port-Arthur, le gouvernement a envoyé M. Detring auprès du Mikado pour traiter des bases de la paix. La Chine offre, dit-on, de se soumettre à toutes les conditions que lui imposera le Japon, sauf de céder une partie intégrante du territoire chinois. Elle offre une indemnité de guerre de 100 millions de taëls d'argent (environ un demi-milliard de francs). C'est que, en effet, le Japon n'a pas voulu entendre parler de l'arbitrage de l'Amérique du Nord à laquelle on s'était adressé après avoir échoué auprès de l'Europe. Le vainqueur estime que le vaincu doit lui demander directement la paix. C'est une satis-faction d'amour-propre qu'il est d'autant plus difficile de lui refuser, dit-on, que, dans ce cas, le Mikado se montrerait moins exigeant pour les conditions, la Chine étant par le fait même beau-coup plus punie que si elle obtenait la paix par un intermédiaire.

On connaît, en effet, ses habitudes de mensonge, et elle ne manquerait pas de faire savoir à tout son peuple que, loin d'être battue, c'est elle qui a daigné prendre pitié des pauvres Japonais et leur a accordé la paix sur la demande des étrangers. Pour que le gouvernement chinois ait osé s'adresser aux Etats-Unis, il fallait qu'il fût déjà bien humilié. Il lui fallait oublier la loi Greeley, qui a fermé aux Célestes l'accès des Etats-Unis. Il lui fallait oublier encore le massacre de plus de 400 Chinois, au Wyoming, il n'y a que quelques années. Mais quel prétexte alléguer alors qu'il lui faut, abandonné de tous, s'adresser directement au vainqueur? Il est vrai que, sous un prétexte fallacieux, il confie cette mission, non pas à un ambassadeur chinois, mais au conseiller étranger de Li-Hong-Chang, se réservant sans doute de dire qu'il a été trahi par un Allemand à son service si l'envoyé ne réussit pas. Or cette mission vient d'échouer.

Pendant ce temps, on cherche à organiser la défense de Pékin, que les Japonais paraissent décidés à prendre pour couronnement de leur campagne. On masse dans la ville et sous ses murs tout ce que l'on peut réunir de soldats et l'on déclare l'état de siège. Les coffres étant vides, on a d'abord parlé d'imposer une taxe de guerre de 3 dollars par tête d'habitant, mais on s'est vite rendu compte que l'on s'exposait à une révolution générale, une taxe pareille étant par trop exagérée pour la majorité de la population, car elle représente près d'un mois de revenu des cultivateurs et des ouvriers. Le gouvernement ayant, pour le moment, bien autre chose à faire que de se mettre une pareille difficulté sur les bras, a pensé à l'emprunt. La Chine sait fort bien que, malgré ses désastres, elle possède encore un crédit important sur le marché européen, son commerce extérieur n'ayant pas été sensible-ment ébranlé par les événements. On sait, d'ailleurs, qu'elle n'a pas de dette d'État; les quelques emprunts provinciaux qu'elle a placés sur les marchés de Hong-kong et de Londres ont toujours été couverts avec grand succès. Ils étaient tous, en effet, rem-boursables en or au bout de quelques années et rapportaient 7 pour 100 d'intérêts toujours fort régulièrement payés.

On connaît le point d'honneur particulier aux Célestes en ce qu concerne le payement des dettes, et le gouvernement du pays ne fait pas exception à la règle. Ces emprunts, d'ailleurs peu considérables, ont toujours été gagés sur le revenu des douanes impériales, dans les ports ouverts au commerce étranger. On sait que le personnel supérieur des douanes est composé d'Européens sous les ordres d'un inspecteur général anglais, sir Robert Hart, résidant à Pékin, et que, grâce au contrôle parfaitement intègre de ce personnel, le revenu total des droits est versé au trésor impérial, dont c'est le plus fort soutien. C'est qu'en effet, partout ailleurs, le désordre et la concussion sont tels, que les neuf dixièmes de l'impôt disparaissent dans les coffres privés des mandarins. Sir Robert Hart, depuis plus de trente-cinq années au service de la Chine, est consulté dans toutes les affaires délicates par le ministère des affaires étrangères, le Tsong-li-yamen. On se rappelle le rôle important qu'il joua pendant la dernière guerre franco-chinoise. La Chine lui doit, en effet, l'avantageux traité qu'elle signa avec la France et lui devra sans doute celui qu'il lui faudra accepter du Japon.

Pris au dépourvu par la déclaration de guerre (1ᵉʳ août dernier), le gouvernement commença par verser au trésor militaire une bonne partie, sinon la totalité, des 200 millions de taëls d'argent que l'on avait recueillis dans toutes les provinces, en vue de fêter dignement, le 7 novembre, le soixantième anniversaire de l'impératrice douairière. Il est probable que la plus grosse partie de ces fonds, destinés à l'achat de provisions d'armes et de munitions, fut dilapidée par les mandarins auxquels ils furent remis. Il en arrive toujours ainsi de l'argent de l'État, dont les fonctionnaires, très mal payés, ont l'habitude de mettre dans leurs poches la majeure partie. C'est ce qui explique l'existence d'un inspectorat des douanes sous la direction d'étrangers. Nous savons aussi comment l'un des plus grands mandarins, ambassadeur de Chine en Europe, le fameux Li Fong-Pao, fut disgracié pour s'être approprié une partie de l'argent destiné à la construction de deux cuirassés commandés aux chantiers de la compagnie Vulcan, à Stettin, en 1880. Les navires furent livrés; mais, au premier essai des canons, une partie des constructions supérieures fut démolie par le tir. Les Allemands en avaient donné aux Chinois pour leur argent. On a appris aussi comment le *taotaï* (gouverneur) de Tien-tsin, nommé Sheng, chargé par Li-Hong-Chang d'acheter des fusils pour ses soldats, s'en procura 300 000, en Allemagne, au prix moyen de 2 taëls, et les revendit au gouvernement à raison de 9 taëls, réalisant sur ce marché le joli bénéfice de 7 875 000 francs.

A bout de ressources et comptant sur le crédit que lui assurent son commerce et surtout ses richesses minérales, la Chine se décida tardivement à faire un emprunt. Elle s'est adressée, comme toujours, à son honnête courtier, l'Angleterre, représentée par la « Hong-kong and Shang-haï Bank ». Comme c'est une excellente affaire, nos bons voisins l'ont naturellement gardée pour eux. Il semble qu'aucune réclame n'ait été faite. La veille de l'emprunt seulement, le 5 novembre dernier, une note, discrètement placée dans la colonne des annonces du *Times*, annonçait que le lendemain les guichets de la banque de Hong-kong and Shang-haï s'ouvriraient dans ces deux villes, ainsi que dans la Cité de Londres et dans les succursales de Hambourg et d'Amsterdam, pour recevoir l'argent des souscripteurs à un emprunt chinois autorisé par décret impérial. Le montant dudit emprunt était de 10 900 000 taëls d'argent, soit environ 40 875 000 francs, garanti, intérêt et principal, par hypothèques prises sur le revenu des douanes dans les ports ouverts au commerce étranger. L'intérêt payable en argent (les emprunts antérieurs étaient payables en or) est de 7 pour 100 et l'emprunt est remboursable en argent en vingt ans.

Comme le revenu total des douanes impériales maritimes sous contrôle étranger [1] était, l'année dernière, de 90 millions de francs, dont un peu plus de 25 seulement sont immobilisés pour le payement d'anciens emprunts, cela laisse, comme on le voit, une somme plus que suffisante pour garantir parfaitement le nouvel emprunt. Malgré l'état actuel de la Chine, la confiance est encore telle en sa richesse, que le lendemain, 7 novembre, dès midi, on fermait les guichets, l'opération ayant parfaitement réussi à Londres même. C'est une fort bonne affaire pour la « Hong-kong and Shang-haï Bank », mais nous craignons qu'il ne serve pas à grand'chose à la Chine. Avant qu'il ait pu recevoir les armes, munitions et navires commandés aussitôt en Europe, l'empire chinois, complètement battu par le Japon, aura sans doute consenti à lui payer une indemnité de guerre bien supérieure aux 100 millions de taëls qu'il lui offre aujourd'hui. C'est que ce dernier, ayant soigneusement préparé depuis longtemps cette campagne, a dû faire déjà pour plus d'un demi-milliard de francs de dépenses immédiates. Bien que possédant une armée organisée à l'européenne, il ne s'est pas fait illusion sur l'immensité de la tâche à remplir et sur les difficultés à vaincre. Il a compris qu'avec une puissance aussi riche et aussi peuplée que la Chine, il fallait frapper vite et fort, de façon à la démoraliser complètement avant qu'elle ait eu le temps de se reconnaître et de jeter les envahisseurs à la mer, en les écrasant sous le poids formidable de plusieurs millions d'hommes. Aussi, après

---

[1] *Chinese imperial maritime Customs, yearly reports,* 1893.

avoir rapidement mobilisé trois corps d'armée d'au moins 24 000 soldats chacun, on se préoccupa de fournir au gouvernement les fonds nécessaires. La diète ayant été convoquée dans ce but, les deux Chambres réunies, oubliant leurs rivalités politiques, votèrent avec une patriotique unanimité un emprunt de guerre de 150 millions de *yen*, soit près d'un demi-milliard de francs [1]. On remarqua que plusieurs banques et maisons de commerce européennes au Japon souscrivirent à cet emprunt; l'une des banques versa, paraît-il, 10 000 yen pour sa part. Cela prouve la confiance que l'on avait dans le succès des Japonais. Cet emprunt, qui porte intérêt à raison de 6 pour 100, servira à couvrir les frais de la guerre.

L'enthousiasme est grand parmi le peuple du Nippon et contraste singulièrement avec l'apathie profonde des fils de Han. C'est que le tempérament des deux nations est absolument différent. En Chine, le métier des armes est très mal considéré, et le soldat passe pour l'égal de l'acteur et du coolie, autant dire du paria de l'Inde. Aussi l'armée n'est-elle qu'un ramassis de tout ce qu'il y a de plus vil dans le pays. Les mandarins militaires ne sont pas lettrés et leur instruction consiste à savoir monter à cheval, lever une lourde pierre et tirer de l'arc. Il y a à peine quelques officiers inférieurs ayant reçu une instruction militaire européenne, et cela seulement dans l'armée de Li-Hong-Chang, dont la direction était confiée à des Anglais ou des Allemands de peu de valeur, portant les titres d'officiers supérieurs, voire même de généraux. Tout le monde a connu, à Paris, le fameux diplomate et général Tcheng Ki-Tong, tant admiré, tant prôné dans nos salons. Il a passé comme son beau costume, et l'on sait comment s'est terminée en France sa triste histoire. Il peut servir d'exemple pour montrer ce que valent les plus civilisés des Chinois. Nous aurions pensé qu'il aurait eu au moins à cœur de justifier son titre, en demandant à son ami et patron Li-Hong-Chang le commandement d'une brigade devant l'ennemi. Mais il sait trop bien ce que valent ces Japonais qu'il méprisait profondément, et que lui-même n'est qu'un général de paravant, n'ayant de militaire que le titre.

Mal payés et aussi piteusement armés qu'habillés, les soldats chinois font la guerre exactement comme on la faisait il y a deux mille ans. Suivant les procédés encore usités en Europe au moyen âge, ils vivent sur les paysans qu'ils pillent et maltraitent, si bien que ceux-ci leur préfèrent les Japonais. Ces derniers, en effet, payent tout ce qu'ils consomment et ont les ordres les plus sévères

---

[1] Au change moyen de 2 fr. 80 le yen, c'est exactement 420 millions de francs.

pour respecter les non-combattants[1]. Seul parmi ses compatriotes, le grand vice-roi du Tchy-li, l'intelligent Li-Hong-Chang, a essayé de créer en Chine une armée et une marine instruites à l'européenne. On sait qu'au début c'est surtout à la France qu'il s'adressa. Ce fut le lieutenant de vaisseau Prosper Giquel qui organisa l'arsenal de guerre et les chantiers de Fou-tchéou. De même les docks et bassins de l'arsenal de Port-Arthur sont l'œuvre du syndicat des ingénieurs français sous la direction de M. Thévenet. Des Anglais furent mis ensuite à la tête de la flotte sous le commandemeut du capitaine Lang, ayant rang d'amiral. Mais celui-ci, battu en brèche par la jalousie des officiers chinois, anciens élèves de l'Ecole navale de Fou-tchéou, soutenus par les mandarins et abandonné par Li-Hong-Chang lui-même, ne pouvait obtenir l'ordre et la discipline nécessaires parmi ses subordonnés. Il dut donner sa démission en 1890, ne pouvant accepter la responsabilité du commandement supérieur alors qu'on laissait les *taotaïs* (gouverneurs) nommer aux grades un tas d'incapables de leur famille ou de leurs amis. Le capitaine Lang déclare hautement qu'au moment où il quitta son poste, la flotte chinoise était encore capable de tenir tête au Japon, et il prétend même qu'il eût pu la lancer avec chance de succès contre n'importe quelle flotte européenne. Depuis son départ, l'indiscipline et le désordre ont eu beau jeu. Les commandants chinois, restés seuls maîtres, ne gardèrent à leur bord que les quelques mécaniciens et artilleurs anglais absolument indispensables pour diriger les machines et servir les pièces. Tout l'argent destiné à l'entretien des unes et des autres passa dans leurs coffres. L'un d'eux, écrit-on de Shang-haï, mit son gros canon Krupp au Mont-de-piété, il dut quitter ce port sans l'avoir recouvré. En tout cas, les munitions ne furent pas renouvelées et manquèrent même à bord de certains navires. Quant aux fusils et aux canons, ils ne furent pas mieux entretenus que les machines. Or l'on sait quelle propreté minutieuse exigent les organes si délicats des appareils et des pièces à feu modernes. Les Chinois ont, d'ailleurs, une triste réputation en ce qui concerne la propreté.

L'armée dirigée par des officiers anglais et allemands ne fut pas plus heureuse que la marine. Les soldats sont fort peu soigneux de leurs armes, et les mandarins oublient de payer leurs hommes, mettant dans leur poche les fonds qui leur sont envoyés pour la solde des troupes. On connaît l'aventure du général Weï, que le

---

[1] Ils ont payé des coolies coréens jusqu'à 2 dollars et demi par jour pour porter leurs bagages, or ceci représente le gain ordinaire de six mois pour ces pauvres paysans.

vice-roi vient de faire décapiter pour ce fait. Dans certains forts, les pièces mobiles en cuivre ont été volées, mettant les canons Krupp ou Armstrong hors d'état de servir.

En un mot, les sommes considérables dépensées par le vice-roi du Tchy-li pour l'organisation de la défense nationale semblent aujourd'hui l'avoir été en pure perte. On peut dire que l'armée régulière n'existe plus qu'en lambeaux depuis les défaites de Ping-yang, Kiu-lien-tcheng et Port-Arthur. La flotte a perdu un cuirassé dans l'affaire du Kow-shing, quatre de ses meilleurs croiseurs au combat du Ya-lu-Kiang, deux autres sont réduits à l'impuissance dans le port de Weï-haï-weï. Grâce à l'impéritie de leurs commandants, le premier s'est échoué dans les passes, et le second a brisé son hélice en voulant lui porter secours. Enfin, deux autres encore viennent d'être coulés par la flotte japonaise au moment où ils s'efforçaient de fuir de Port-Arthur, où douze croiseurs, plusieurs torpilleurs et transports sont tombés aux mains de l'ennemi. Il ne reste plus guère que des non-valeurs enfermées dans les ports et qui se garderont bien maintenant d'en sortir. On peut dire que la flotte chinoise est anéantie et que les Japonais possèdent la mer de Chine.

Li-Hong-Chang est peut-être le seul Chinois de marque qui ait eu l'intelligence de juger l'infériorité de ses compatriotes devant les Européens et peut-être les Japonais. Lui seul a cherché sérieusement à faire progresser son pays en adoptant les réformes nécessaires et les perfectionnements modernes pour l'armée, la marine, les mines et le commerce. Mais, contrecarré et battu en brèche par ses collègues et ses supérieurs, il a été débordé. Seul, il n'a pu changer la manière de voir rétrograde de tout le pays, il n'a pu surtout réformer les mœurs et mettre un terme à la concussion, aux vols et à l'indiscipline. Aujourd'hui sa flotte et ses armées sont battues, il tombe en disgrâce, c'est la façon ordinaire en Chine de se venger du sort. L'empereur le prive de toutes ses décorations, et la camarilla de palais antiprogressiste triomphe sur des ruines. L'on bannit et l'on décapite les généraux battus, mais on ne peut plus les remplacer.

Le prince Kong, trop longtemps éloigné des affaires et trop âgé, succède à Li-Hong-Chang au gouvernement. Le peuple imbécile et haineux, soudoyé par les ennemis du vice-roi, insulte ce dernier et menace de mort ses proches, qui sont obligés de s'enfuir de Tien-tsin. D'ignobles caricatures sont apposées jusque sur les murs du palais du vice-roi, elles le représentent sous la forme d'une tortue prise dans les filets des pêcheurs du Peï-ho. On ne le désigne plus que sous le nom méprisé de *Wang-pa*. C'est la plus abominable

des injures chinoises, étant donné le sens monstrueux qu'ils attachent à ce nom quand on l'adresse à un homme. Le mot *bâtard*
n'est, dans notre langue, qu'une image bien affaiblie de la signifi-
cation du mot *Wang-pa* ou tortue, surtout quand on le complète
par *tan*, ce qui fait alors *Wang-pa-tan* ou œuf de tortue. Cela
vient des croyances aussi ignobles que superstitieuses que les
Chinois attachent à la reproduction de cet animal.

Après la guerre franco-chinoise, l'empire Céleste avait semblé
vouloir faire quelques progrès, imposés par la leçon qu'il avait
reçue, mais il est vite retombé dans ses anciens errements. Malgré
les défaites qu'il vient de subir, on ne comprend pas encore à
Pékin la nécessité absolue d'une réaction, et les princes mandchous viennent, par leur esprit rétrograde et mesquin, de faire
échouer toutes les propositions de réforme suivies par Li-Hong-
Chang et le prince Kong. La Chine retombe fatalement dans son
sommeil de fumeur d'opium et dans son *nirvânah* bouddhique.
Elle s'effondre, et les Japonais eux-mêmes, qui devraient les con-
naître mieux que personne, sont pleins d'étonnement et de mépris
pour des soldats qui, campés derrière des retranchements savam-
ment construits par des ingénieurs anglais et allemands, et ayant
encore à leur disposition des cuirassés et des torpilles, lâchent
pied presque sans se défendre, comme à Ping-Yang, Kin-tchéou
Ta-lien-wan, etc., et battent tumultueusement en retraite, jetant
leurs fusils et même leurs vêtements pour courir plus vite. On les
a vus abandonner ainsi leurs canons, leurs provisions et même le
trésor de l'armée.

On sait aujourd'hui que à Port-Arthur, les chefs avaient pris la
fuite et que l'arsenal est tombé intact dans les mains des Japonais
avec douze navires de guerre, des torpilleurs, des transports,
15 000 tonnes de charbon, 4000 tonnes de rails pour le chemin de
fer et une grande quantité de riz et de haricots. La position était
considérée comme imprenable, les Japonais s'en sont emparés,
n'ayant perdu que 250 hommes tués et blessés, tandis que la garnison chinoise a laissé 3000 morts sur le terrain. Or on sait
qu'en affaire de sièges, c'est toujours l'assaillant qui perd le plus
d'hommes, toutes les fois au moins que l'assiégé se défend. Ce
seul fait montre que la défense a été des plus faibles, et que les
Chinois sont bien complètement découragés. C'est le colosse aux
pieds d'argile qui s'écroule, et l'on s'aperçoit que, sous la robe
brodée du mandarin, il n'y avait qu'un corps sans âme, un simple
mannequin truqué.

LE JAPON

Nous venons de montrer ce qu'est la Chine actuelle et le peu de progrès qu'elle a accompli dans la civilisation telle que nous la comprenons. La guerre actuelle avec son voisin vient de déchirer le voile sur son organisation surannée ou plutôt sur son manque complet d'organisation. Comparons-la avec son vainqueur d'aujourd'hui et voyons ce qu'a réalisé celui-ci dans la nouvelle voie qu'il a résolument adoptée depuis un peu plus de vingt-cinq ans. Le contraste est frappant entre les deux nations, et ceux qui les ont étudiées sur place pouvaient prédire à coup sûr les résultats qui étonnent tant de monde. C'est qu'on se faisait de grandes illusions sur les prétendus progrès de la Chine, surtout au point de vue militaire. Le conservatisme à outrance des Chinois passait pour de la dignité et du patriotisme. Ce n'était, au fond, que de l'entêtement puéril et de l'orgueil insensé, un attachement routinier au *lao kuei-tchu*, la vieille coutume, qui gouverne toutes les actions du plus haut fonctionnaire comme du dernier coolie. Par contre, on regardait les Japonais comme des enfants peu sérieux, toujours prêts à singer les mœurs européennes. Une grave revue anglaise, *The fortnightly Review* racontait encore tout dernièrement comment les Japonais copiaient nos modes [1]. On peut rire de cette marquise du Nippon qui, voulant s'habiller à la mode de Paris, s'était fait envoyer une caisse contenant une toilette complète du dernier genre et qui, se trompant dans l'ordre d'habillement, mit la chemise brodée par-dessus la robe. Il peut paraître également risible de voir une jolie fille japonaise sur le point d'étouffer dans un corset mis à l'envers et trop serré. L'étudiant qui met des lunettes à branches d'or pour copier son collègue allemand, et qui, pour avoir l'air savant, porte dans son gousset un anéroïde réduit au cadran, peut sembler fort ridicule au marchand européen peu délicat qui le lui a vendu. Ces erreurs arrivent infailliblement dans tout pays voulant se mettre trop vite à nos usages. Cela n'empêche pas les Japonais de posséder de grandes qualités, et la guerre actuelle, avec ses résultats, montre qu'ils n'ont pas seulement l'esprit militaire, mais qu'ils ont su profiter des leçons que leur ont données nos officiers français de la mission militaire d'instruction à Yokoska, ou qu'ils sont venus chercher dans les écoles de Saint-Cyr ou de Woolwich. Les élèves chinois se contentaient d'apprendre leur cours par cœur, mais ne savaient résoudre un cas particulier ou faire l'application pratique des

[1] *Burning questions of Japan*, by A.-Henry Savage-Landor, dans *the Fortnightly Review* de novembre 1894.

théorèmes. Plus intelligents, les Japonais ont pu tirer parti de leurs leçons. L'armée possède un fusil inventé ou modifié par l'officier japonais Murata, dont il porte le nom.

Loin de considérer la concussion comme une chose permise, les Japonais ont le sentiment de la droiture dans les fonctions, et l'auteur anglais cité plus haut aurait été, sans doute, aussi étonné qu'humilié s'il s'était vu refuser énergiquement un pourboire par tel facteur de la poste ou du chemin de fer à Tokio. Or, comme nous l'affirmait dernièrement un de nos amis, qui a représenté quelque temps le gouvernement français à la cour du Mikado, le fait est constant partout au Japon. « Là, nous disait-il, les juges ne peuvent être achetés, et il est même impossible aux Européens d'exercer sur eux une pression quelconque, fût-ce par l'intermédiaire du gouvernement lui-même. »

L'organisation de l'armée japonaise est exactement calquée sur celle des armées européennes. Les hommes, comme les officiers, sont enthousiastes de leur carrière ; le Japonais, étant batailleur et chevaleresque, il se bat par plaisir. N'a-t-on pas vu dans les derniers combats le feu avec lequel ils sont montés à la baïonnette à l'assaut des positions extrêmement fortes de Port-Arthur. C'est que pour eux le métier des armes a toujours été considéré comme noble par essence. Les services de l'intendance et des ambulances, qui manquent totalement dans l'armée chinoise, sont fort bien montés avec tous les perfectionnements modernes. A l'encontre des Chinois, les Japonais sont extrêmement propres et ils ont pour leurs armes des soins particuliers.

Nos codes ont été adaptés aux lois japonaises par un légiste français de talent, M. Boissonade ; aussi les Anglais, dans le traité de commerce qu'ils viennent de signer avec le Japon, ont-ils fait abandon de l'ancienne clause de l'exterritorialité. Par cette clause, les résidents anglais n'étaient justiciables que devant leurs consuls, demain, ils devront passer par les tribunaux indigènes. C'est là une grave décision de la part de nos voisins, car ils délivrent ainsi aux Japonais un véritable certificat de haute civilisation et leur donnent le droit d'entrer dans le concert européen. Le résultat immédiat de cet acte est que le Japon se croit à la hauteur de l'Europe, sinon supérieur, et il pose déjà avec un orgueil visible les bases de la paix qu'il entend imposer seul à la Chine. En juin dernier, avant l'ouverture des hostilités, il demandait l'indépendance de la Corée pour lui imposer vingt-cinq réformes différentes et la civiliser à son idée. Aujourd'hui, ayant chassé les Chinois de toute cette péninsule, il veut en garder le protectorat par droit de conquête. Ayant de plus envahi et battu la Chine, il pose de bien autres conditions à la paix qu'il tient à lui dicter, dit-on, à Pékin même pour n'être en rien inférieur à la France et à l'Angleterre. Les nations européennes lui laisseront-elles garder la Corée et la gouverner à son gré, le fait paraît douteux. Mais il semble difficile de s'y opposer, car le Mikado leur citera l'histoire de l'Egypte encore aujourd'hui occupée par l'Angleterre, sous prétexte de lui apprendre à se gouverner elle-même, ce qu'elle ne peut encore faire, prétend-on.

Albion ne s'attendait pas certainement plus que les autres nations qui l'ont laissé faire à recevoir cette leçon du Nippon. Cela va la gêner considérablement sans doute dans sa politique actuelle et surtout dans sa politique future en Extrême-Orient.

Lorsque, après la révolution des nobles contre le nouvel état de choses, le Mikado eut rétabli l'ordre dans le pays, le trésor était vide et tout était à refaire. Or, à peine quinze ans après, le Japon possédait 4000 bureaux de poste, 32 000 milles de routes, 8000 milles de lignes télégraphiques avec 600 bureaux. Les chemins de fer comptaient 1800 milles d'étendue et avaient coûté 80 millions de dollars. On avait une armée active de 100 000 hommes avec 200 000 hommes de réserves. L'entretien de ces troupes coûtait seulement 13 millions de dollars, tandis que celui de la marine n'atteignait que 6 millions. Or elle comptait 4 cuirassés, 8 croiseurs, 39 torpilleurs et 17 transports de commerce appartenant à la compagnie *Nippon-Yusen-Kaisha*. Ajoutez à cela un nombreux corps de police, des prisons à l'européenne et 28 000 écoles. Avec cela, la dette publique ne dépassait pas le revenu d'une année et les réserves en numéraire se montaient à 30 millions de dollars. De nombreuses mines de charbon avaient été ouvertes et fournissaient par an plusieurs millions de tonnes de combustible, donnant un aliment considérable au commerce d'exportation, ainsi d'ailleurs que les mines de cuivre.

Par contre, la Chine ne possède guère plus de 200 milles de chemins de fer, encore n'est-ce qu'une seule ligne affectée principalement au service des mines de charbon de Kaïping, aux environs de Pékin. L'armée chinoise compte bien pour 1 750 000 hommes sur le papier, mais elle n'en peut guère mobiliser plus de 200 000, dont 75 000 tout au plus sont armés à l'européenne; encore, suivant le jugement du capitaine Lang, ce ne sont que des sauvages. C'est peu, comme l'on voit, étant donnée la population totale de l'empire qui approche de 400 millions, tandis que celle du Japon compte à peine 40 millions. Le seul résultat tangible de la guerre franco-chinoise a été le développement du réseau télégraphique qui traverse aujourd'hui tout l'empire chinois.

LA CORÉE

Nous avons donné, en résumé, une partie des résultats de l'application des procédés de la civilisation européenne dans l'empire du Soleil Levant. Etudions maintenant ce qu'il a fait au nom de cette même civilisation dans le royaume du Calme Matin, le *Tcho-hsiène*, comme la Corée s'intitule poétiquement.

L'on sait que la cause de la guerre actuelle est la prétention qu'a toujours eue le Japon d'arracher la Corée au gouvernement de la Chine. Sans remonter aux anciennes invasions de la Corée par le Japon, au seizième siècle, reportons-nous seulement aux relations récentes des deux pays. Ouvertes après la révolution de 1868, elles se lient en 1873, lorsque le jeune roi, devenu majeur, eut chassé son père, Taï-Wen-Kun. En 1875, les Coréens, ayant tiré sur des marins japonais, ceux-ci obtiennent réparation, le payement d'une indemnité et un traité d'amitié qui leur ouvre les portes du pays. En 1876, quelques désordres ayant éclaté à Séoul, le Japon y envoie une expédition; Pékin donne à son tributaire l'ordre de conclure avec le Japon le premier traité officiel. Il fut signé à Kanghoa le 26 février. Il reconnaît l'indépendance du royaume coréen, qui recevra dans sa capitale un ambassadeur japonais. L'établissement japonais dans le port de Fusan est reconnu, délimité, et le port est ouvert au commerce avec le Nippon. Il est stipulé que deux autres ports leur seront ouverts plus tard sur les côtes de Corée, dont la marine du Mikado pourra faire librement le relevé hydrographique. Les Japonais s'installèrent aussitôt à Fusan; ils y construisirent un hôpital qui, en 1882, avait déjà reçu 4000 Coréens et Japonais. A côté, s'éleva une banque et les bureaux d'une grande compagnie de navigation, dont les vapeurs touchaient régulièrement dans ce port en se rendant à Vladivostock ou à Nagasaki. C'était la compagnie dite de *Mitsu-Bichi*, aujourd'hui remplacée par celle du *Nippon-Yusen-Kaisha* (Compagnie japonaise de navigation à vapeur). Un câble télégraphique sous-marin fut posé entre Fusan et le port japonais de Karatsu en novembre 1883. Il passe par les îles Tsushima et Oshima.

Enfin, un journal coréen-japonais y fut fondé ainsi qu'une compagnie de commerce entre ce port et les îles Licou-tchéou. La petite ville japonaise contraste singulièrement par sa propreté et son air coquet avec les masures infectes de la ville coréenne. L'ordre y est assuré par un corps de police japonais.

Après avoir soigneusement étudié, au point de vue maritime et commercial, la côte orientale, les Japonais obtinrent, le

30 août 1879, l'autorisation de se fixer dans le port de Gensan (en coréen Wön-san, en chinois Yuen-san), à quelques milles au sud du fameux port Lazareff, dans la baie de Broughton. Leur concession de 42 acres se couvrit bientôt (1887) d'une cinquantaine de maisons avec un beau consulat en style européen. Ils y ont fait une exposition de produits japonais, qui fut visitée par 25 000 personnes. Leurs vapeurs de la Nippon-Yusen-Kaisha y touchent trois fois par semaine en allant de Nagasaki à Vladivostock et au retour.

En janvier 1883, ils obtenaient l'ouverture du troisième port, mentionné au traité de 1876. C'est celui de Chemulpo, aussi appelé en japonais Jinsen et en chinois Jenchuan. Il se trouve sur la partie nord du golfe de l'Impératrice, vers le milieu de la côte ouest, et à 45 kilomètres de la capitale Séoul [1].

Le commerce japonais se développa si bien dans ces trois ports, qu'à la fin de l'année 1893 le recensement de la population donnait les chiffres suivants :

Jenchuan	2504	Japonais et	15	maisons de commerce japonaises.
Fusan	4750	—	113	—
Gensan	794	—	40	—
soit en tout	8048	—	168	—

Par contre, les Chinois, établis dans les mêmes ports, se répartissaient ainsi :

Jenchuan	678	Chinois avec	14	maisons de commerce chinoises.
Fusan	168	—	3	—
Gensan	74	—	9	—
Total	920	—	26	—

On voit que, malgré la jalousie de la Chine, le Japon était beaucoup plus avancé qu'elle en Corée en décembre dernier (1893), au point de vue commercial et civilisateur.

En 1880, les Chinois avaient obtenu du roi l'envoi de quatre-vingts jeunes Coréens à Tien-tsin, où ils devaient être instruits à l'européenne dans le collège anglo-chinois du vice-roi. Pour contrecarrer cette influence chinoise, les Japonais firent entrer, en 1882, un certain nombre de leurs officiers dans l'armée coréenne, à laquelle ils fournirent aussi des fusils Snider et Murata. En 1884, leur légation à Séoul ne comptait pas moins de quarante membres. Elle fut attaquée, et quelques Japonais furent tués par des Coréens révoltés. Le Mikado envoya une expédition militaire qui entra à Séoul le 16 août et rétablit l'ordre. Le roi de Corée dut payer au gouvernement japonais 500 000 dollars et

---

[1] Séoul veut dire capitale; le nom de la ville est Han-yang.

50 000 dollars aux familles des victimes. Une garde de soldats japonais fut depuis cette époque installée à la légation. Les Chinois y répondirent en faisant prisonnier le Taï-Wen-Kun, réinstallé sur le trône par les Japonais, en installant une garde chinoise auprès de leur ambassadeur, et en créant dans les trois ports ouverts des bureaux de douane, sous la direction de sir Robert Hart et de ses employés étrangers.

Tels étaient, en 1884, les résultats obtenus en Corée par les Japonais directement ou grâce à leur influence. On peut dire que l'honneur leur revient d'avoir, les premiers, ouvert ce pays à la civilisation. Pendant ce temps-là, en effet, les nations étrangères avaient vainement frappé à la porte du pays. En 1879, l'amiral Shuffeldt, sur un navire de guerre américain, s'était vu retourner, non ouverte, la lettre qu'il avait adressée aux autorités coréennes, en vue d'obtenir, pour ses concitoyens, le droit de faire du commerce dans le pays. Au printemps de 1880, la Russie avait subi le même échec. En août de la même année, le duc de Gênes, sur la frégate italienne *Vettor Pisani*, n'avait pas eu plus de succès, bien qu'il eût fait parvenir sa lettre par l'intermédiaire du consul japonais. Les Anglais, les Français et les Allemands eurent le même sort en 1880, 1881 et 1882. L'Amérique revint à la charge, et, le 22 mai 1882, l'amiral Shuffeldt signait avec le ministre du roi, à Jenchuan, le premier traité arraché à la Corée par une puissance autre que le Japon. La porte était enfoncée, les Anglais et les Allemands s'empressèrent d'en profiter, et, le 26 novembre 1883, ils signaient leur premier traité de commerce. Le 25 juin 1884, ce fut le tour de la Russie; puis celui de l'Italie, le 26 juin 1884. La France n'obtint le sien que le 4 juin 1886. Le dernier traité conclu est celui de l'Autriche-Hongrie, qui fut signé à Tokio et porte la date du 23 juin 1892. Les puissances étrangères ne semblent pas avoir poursuivi leurs avantages, car, à la fin de l'année dernière, l'Angleterre seule avait un consul dans le pays. La Chine elle-même en avait fort peu profité, comme le montrent les statistiques que nous avons citées plus haut. Après l'essai infructueux de l'Allemand P. G. von Möllendorff, qui avait fondé en Corée un système de douanes, analogue à celui de la Chine, et essayé de rendre le roi indépendant de son puissant suzerain, le gouvernement chinois avait permis en 1883 à sir Robert Hart d'installer ses contrôleurs européens à la place de ceux de Möllendorf, dans les trois ports ouverts.

Quelques navires de la Compagnie *China merchants* essayèrent de créer un service régulier entre ces ports et ceux de la Chine, mais on dut bientôt abandonner cette entreprise faute d'aliment de fret suffisant. La Chine ne fit rien pour ouvrir le pays au commerce étranger ou pour le civiliser. Loin de là, elle s'efforça, au contraire, de contrecarrer les tentatives de réformes faites par les Japonais. Elle soutint secrètement les Coréens dans leurs persécutions contre nos missionnaires catholiques, qui n'avaient pas attendu, comme les protestants anglais ou américains, les traités d'amitié pour pénétrer secrètement en Corée et y répandre de leur mieux la civilisation chrétienne. L'histoire si touchante de l'Eglise de Corée a été écrite par l'abbé Dallet, et nous y renvoyons les lecteurs désireux d'apprendre ce qu'ont fait nos courageux compatriotes des Missions étrangères pour faire aimer le nom de la France et la religion catholique dans ce pays. Nous devons dire, à l'honneur des Japonais, qu'ils leur ont bien facilité leur tâche, grâce à leurs propres efforts pour ouvrir le pays à tous. Aussi ne regrette-t-on pas les succès du Japon au Séminaire de la rue du Bac.

Dès qu'ils eurent mis le pied à Séoul, les Japonais s'efforcèrent d'obtenir du roi des réformes en faveur du malheureux peuple coréen. Ils demandèrent l'abolition de l'esclavage et du servage pour dettes, la liberté de conscience, l'abolition du deuil de trois ans et de ses pratiques antisociales, la réorganisation de l'armée sur pied européen, la création d'une police, etc... La suzeraineté de la Chine s'y opposa constamment.

Après la révolution de 1885, le Japon obtint un traité avec la Chine, grâce auquel il pouvait placer une escorte militaire dans sa légation à Séoul. Mais il fut aussi entendu que les deux nations s'engageaient à ne pas envoyer des troupes dans le pays sans l'autorisation réciproque.

En juin 1894, le Japon profitant d'une révolte des sociétés secrètes coréennes pour s'arroger le droit de remettre l'ordre dans le pays, envoya des troupes. En même temps sa légation demandait au roi vingt-cinq réformes à imposer au pays. Voici les principales :

1° La Corée, afin d'assurer son indépendance permanente, réformera dans le sens japonais l'administration de ses affaires, tant à l'intérieur qu'à l'extérieur;

2° Elle devra rejeter entièrement l'ingérence de la Chine dans ses affaires domestiques;

3° En attendant la conclusion de ces réformes, le gouvernement devra confier au Japon le contrôle de la ligne télégraphique de Séoul à Fusan;

4° Des chemins de fer seront construits entre la capitale et les ports importants (entre autres Fusan, Gensan et Yuensan);

5° Le privilège de la pêche et du cabotage sur les côtes sera concédé au Japon ;

6° De nouveaux ports seront ouverts au commerce japonais ;

7° Des concessions de terrain dans les ports seront accordés aux Japonais qui pourront augmenter celles qu'ils possèdent dans les trois ports déjà ouverts ;

8° Jusqu'à la complétion des réformes, le Japon aura le droit de faire stationner des troupes, là où il lui plaira, voire même à Séoul ;

9° Enfin un ambassadeur coréen ira, à Pékin, demander à la Chine l'abandon complet de ses prétentions sur la Corée.

Les Chinois ne s'y trompèrent pas, l'adoption de ce plan était leur exclusion complète du pays, qui devenait bientôt une province japonaise. Voyant le danger, ils se décidèrent, un peu tard, à envoyer un renfort considérable de troupes en Corée, sous prétexte de mettre un terme à la révolte des Toung-haks. Trois navires de guerre le *Chin-yuen*, le *Tsao-kiang* et le *Kuang-ti*, portant 12 000 hommes de troupes, escortèrent un vapeur de commerce anglais affrété pour porter 1200 hommes. Ce dernier avait, en outre, à son bord le capitaine allemand von Hanneken, chargé d'organiser la défense en cas d'un conflit avec le Japon. Celui-ci, informé par ses espions, depuis longtemps répandus partout en Chine, expédia aussitôt une flotte de guerre surveiller les côtes occidentales de la Corée, en vue d'empêcher tout débarquement de troupes chinoises. Les vaisseaux de guerre avaient réussi à débarquer 5000 hommes et escortaient le *Kowshing*, battant pavillon anglais, quand ils furent découverts par les croiseurs japonais. Ceux-ci sommèrent le capitaine Galsworthy du *Kowshing* de rebrousser chemin ou de lui livrer les soldats chinois ainsi que leur chef allemand von Hanneken, auquel ils tenaient tout particulièrement. Sur le refus des Anglais de livrer leurs passagers et devant les menaces de mort des soldats chinois, les étrangers sautèrent à la mer, pendant que les Japonais coulaient le *Kowshing* avec leurs torpilles et leur artillerie. Ils recueillirent le capitaine Galsworthy et son mécanicien ; von Hanneken fut sauvé par une jonque de pêche et regagna Tien-tsin. Pendant ce temps, le cuirassé chinois *Chin-yuen* avait employé une ruse de guerre bien chinoise pour essayer d'échapper. Il avait hissé le pavillon japonais avec le pavillon blanc au-dessus. Le croiseur japonais *Naniwa*, ayant cru qu'il se rendait, l'attendit sans tirer, mais le Chinois, profitant de cela, s'approcha et lança une torpille au *Naniwa* qu'il manqua. Celui-ci ouvrit alors sur les navires ennemis le feu de son artillerie. Le *Tsao-kiang* fut pris mais les deux autres (*Chin-yuen* et *Kuang-ti*) s'échappèrent.

Ce combat eut lieu le 25 juillet et inaugura les hostilités

actuelles entre la Chine et le Japon, qui déclara officiellement la guerre le 1ᵉʳ août.

Il est certain que l'on peut critiquer la façon dont les Japonais ont agi, amenant le premier *casus belli* en coulant un navire battant le pavillon d'une puissance neutre et en tirant sur les navires chinois sans déclaration de guerre préalable. Rappelons-nous cependant que nous leur avons donné l'exemple en 1884, alors que notre escadre, ayant pénétré en temps de paix dans le port de Fou-tchéou, y coula la flotte chinoise, également sans déclaration de guerre préalable. La campagne continua même et s'acheva par la paix, sans qu'on eût jamais déclaré officiellement aux Chinois l'ouverture des hostilités. L'Angleterre, qui s'indigne aujourd'hui si fort contre cet acte du Japon, ne manqua pas de critiquer vivement notre manière d'agir. On a aussi accusé les Japonais d'avoir tiré sur les soldats chinois alors qu'ils étaient à l'eau. La chose est d'autant plus possible que les Chinois tirèrent en même temps sur les Japonais et sur leurs propres soldats, alors qu'ils se jetaient à la mer pour échapper à l'engloutissement du *Kowshing*. N'oublions pas, d'ailleurs, que les Japonais n'ont que depuis fort peu de temps adopté nos manières de voir au sujet du droit des gens. Il reste encore au fond de leur cœur un peu de cette nature cruelle et sauvage qui les a si longtemps caractérisés.

Hâtons-nous aussi de mettre en regard de cette action la façon dont ils se sont conduits depuis. Il nous est agréable de montrer par un document officiel quel est, à ce sujet, l'esprit que cherchent à leur inculquer leurs officiers.

Le Comte Oyama Iwao, ministre de la guerre au Japon, publiait, le 22 septembre dernier, l'ordre général suivant :

« Les opérations des belligérants étant restreintes aux forces militaires et navales actuellement engagées, il n'y a aucune raison d'inimitié entre les autres individus, parce que leurs pays se font la guerre. En conséquence, les principes ordinaires de l'humanité exigent qu'aide et protection s'étendent même aux soldats de l'adversaire mis hors de combat, soit par des blessures, soit par des maladies. C'est pour obéir à ces principes que les nations civilisées font, pendant la paix, des conventions par lesquelles elles s'engagent à porter secours pendant la guerre à toute personne ainsi atteinte, qu'elle appartienne à l'ennemi ou à ses alliés. Cette union charitable s'appelle la Convention de Genève ou, plus communément, l'Association de la Croix-Rouge. Le Japon en fait partie depuis le mois de mai 1886, et ses soldats ont déjà été avertis qu'ils doivent traiter avec bonté et cordialité ceux de leurs ennemis qui sont frappés par la maladie ou des blessures. La Chine n'ayant

reconnu aucune convention de cette sorte, il est possible que ses
soldats, dans leur ignorance de ces principes éclairés, viennent à
maltraiter sans pitié des Japonais malades ou blessés. Les troupes
japonaises doivent être sur leurs gardes touchant pareille éventua-
lité. En même temps, elles ne doivent jamais oublier que, si cruel
et vindicatif que puisse se montrer l'ennemi, il n'en doit pas moins
être traité suivant les règles reconnues de la civilisation. On doit
porter secours aux malades et aux blessés, et les prisonniers
devront être l'objet de traitements justes et considérés. Ce n'est
pas seulement aux malades, blessés ou prisonniers, que ces traitements doux et charitables doivent s'étendre, on doit la même
considération à ceux qui n'offrent aucune résistance à nos armes.
Même le corps d'un ennemi mort a droit à tous vos respects. Nous
ne pouvons trop admirer la ligne de conduite adoptée par une
nation d'Occident qui, en rendant à l'ennemi l'un de ses généraux,
accomplit cet acte avec tous les rites et honneurs dus au rang du
prisonnier. Les soldats du Nippon doivent avoir toujours présente
à l'esprit la gracieuse bienveillance de leur auguste souverain, et
ils ne doivent pas avoir moins à cœur de prouver leur courage que
d'exercer leur charité. Ils ont maintenant une occasion de montrer
par la pratique la valeur qu'ils attachent à ces principes. »

Un pareil ordre du jour prouve combien le Japon tient à se
montrer digne d'imposer la civilisation à la Corée et sa volonté à la
Chine. Il est intéressant de le comparer avec la réponse faite dernièrement par le fameux Sheng, gouverneur de Tien-tsin, aux
docteurs anglais et aux deux dames américaines qui lui demandaient
sa protection pour aller soigner les blessés à l'armée chinoise :
« Nous ne pouvons nullement garantir votre sécurité ; d'ailleurs, à
quoi bon sauver nos blessés. Un Chinois se soumet sans murmurer
au sort qui l'attend. » De fait, ils dépouillent leurs blessés et les
abandonnent, n'ayant ni médecins ni ambulances pour leur porter
secours. Une seule chose nous étonne, c'est que des dames se
soient offertes pour cela. Les missionnaires savent pourtant, mieux
que personne, ce que valent les armées chinoises en fait d'humanité
et surtout de moralité. N'ont-elles pas, tout dernièrement, assassiné
en Mandchourie, un missionnaire anglais, le révérend Wylie, et,
en Corée, le P. Jozeau, des Missions-Étrangères de Paris, a été
décapité sous les yeux du général chinois, et peut-être à son
instigation. Les *Missions catholiques de Lyon* publiaient dernièrement la dépêche suivante de Mgr B. Christiaens, vicaire apostolique
du Hou-peh méridional : « Persécution violente au Ly-tchou-an,
tués, aidez-nous, détails par lettre. » Or ceci se passe, notons-le,
à plusieurs centaines de lieues du théâtre de la guerre. Partout où

se trouvent des Européens, ils ont dû prendre les armes en vue de se défendre contre les soldats chinois.

A Port-Arthur, avant de fuir, ces derniers ont torturé, puis décapité quelques prisonniers japonais; puis ils mutilèrent horriblement leurs cadavres. Aussi dit-on que les vainqueurs n'auraient pas fait quartier à un certain nombre de soldats chinois. Cette imputation est, d'ailleurs, contredite; il paraît qu'ils ont, au contraire, facilité la fuite à une partie des assiégés.

Devant de pareils faits, et en raison de leurs succès croissants, de leur humanité envers les paisibles habitants, qu'ils payent pour les services rendus, on comprend que ces derniers se jettent dans les bras des vainqueurs et marchent même avec eux contre leur propre armée, ainsi que cela vient d'avoir lieu à Port-Arthur. On sait qu'il en a été de même lors de nos deux expéditions en Chine. En 1860 et en 1884, les coolies chinois vinrent se mettre à notre service, et à Takou, ils montèrent à l'assaut avec nos matelots, dont ils avaient porté les échelles. La population des pays envahis se jette d'autant plus volontiers dans les bras du vainqueur qu'elle espère ainsi échapper aux extorsions de ses mandarins. Les Japonais se les attachent encore en leur promettant l'abandon de l'impôt pendant la première année d'occupation. « Partout où passe l'armée chinoise, écrit le révérend J. Ross, de Moukden, le pays est entièrement dévasté, et la végétation elle-même a disparu, comme à la suite d'une invasion de sauterelles. »

Etant donnés ces faits, contrastant avec sa façon d'agir toute humanitaire, on comprend que le Japon s'indigne de voir les nations dites civilisées s'interposer en faveur de la Chine. Celle-ci s'en rend compte également, et, dans son orgueil incorrigible, craignant de « perdre la face », elle n'ose s'adresser directement au vainqueur pour obtenir la paix. N'ayant pu rien obtenir des nations étrangères, elle s'est décidée à envoyer au Mikado le commissaire des douanes, G. Detring, qui, accompagné de quelques fonctionnaires chinois, est arrivé au Japon sous pavillon allemand, celui de son pays. Les Japonais ont compris le biais pris par la Chine qui, une fois le traité signé, n'aurait pas manqué de publier partout qu'elle n'avait pas demandé la paix, bien au contraire ; que c'étaient les Allemands qui, effrayés de la situation critique des Japonais, les avaient, par pitié, arrachés aux mains de la Chine victorieuse. C'est ainsi que les Célestes écrivent l'histoire depuis qu'ils existent; ils n'avouent jamais une défaite, et après la prise de Port-Arthur, ils la niaient effrontément dans leurs journaux. Le Japon n'a pas été dupe de cette chinoiserie; il a renvoyé M. Detring à son patron Li-Hong-Chang, sans même l'avoir reçu. Il a fait savoir au gouvernement du Fils du Ciel qu'il attend que celui-ci lui envoie des plénipotentiaires chinois dûment accrédités.

Etudions les conditions de paix que le Nippon demande à l'Empire des Fleurs.

Au 30 juin dernier, avant même l'ouverture des hostilités, le Mikado demandait à la Chine :

1° Le Japon pourra imposer à la Corée une garnison de 1000 soldats japonais qui résideront à Séoul et à Chemulpo ; 2° la Corée cédera au Japon le port de Fusan et quelques îles, sans doute celles de Quelpaert et les trois du groupe de Port-Hamilton ; 3° le roi de Corée accordera aux révoltés Toung-haks toutes les réformes qu'ils réclament ; 4° la Chine ou la Corée payera une indemnité de 250 000 dollars ; 5° enfin, abandon complet et défi-nitif par la Chine de sa suzeraineté sur la Corée.

Maintenant les Japonais ont entièrement chassé les Chinois de Corée ; ils ont envahi la Mandchourie, pris Port-Arthur, et sont à la veille d'entrer à Moukden et à Pékin. La flotte chinoise est ou détruite ou entre leurs mains, et sous peu ils seront maîtres de Weï-haï-weï, qui, avec Port-Arthur, constitue le Gibraltar et les colonnes d'Hercule du golfe du Petchy-li. On comprend que, grisés par le succès, ils demandent aujourd'hui de bien autres conditions de paix à la Chine, vaincue et humiliée par leurs armes.

Les dépêches de fin novembre nous apprennent, en effet, qu'ils ont refusé les propositions de la Chine, leur offrant une indemnité de 1 milliard et tout ce qu'ils voudront, sauf une cession du terri-toire propre de l'empire. Ils ont la prétention d'exiger au moins 1 milliard 250 millions de francs, sans parler du payement intégral de toutes leurs dépenses qui s'élèvent déjà, dit-on, à plus de un demi-milliard de francs (750 millions).

Pour ce qui est des autres conditions, elles ne sont pas mention-nées au télégramme du 29 novembre, mais voici celles qu'ils posaient, d'après le *Japan Herald* du 29 septembre : 1° payement en *or* d'une indemnité de 2 milliards destinés à établir au Japon l'étalon d'or (on voit qu'ils sont monométallistes avancés) ; 2° comme garantie, occupation de Port-Arthur et Weï-haï-weï par leurs troupes, jusqu'à payement intégral de l'indemnité ; 3° indépen-dance complète de la Corée sous leur protectorat ; 4° cession de l'île de Formose (qu'ils convoitent depuis longtemps) ; 5° dé-sarmement de l'armée chinoise et remise au Japon de ce qui reste à la Chine de cuirassés, croiseurs, transports ou torpilleurs, et même de tous les vapeurs de commerce de la compagnie *China Merchants*.

Si l'on en croit leurs journaux, il faudrait encore leur céder

Shang-haï ainsi que toutes les armes et munitions de l'armée chinoise. C'est de l'ivresse pure.

Ce sont là, on le comprend, des conditions draconiennes, grâce auxquelles ils espèrent annihiler pour longtemps la puissance de la Chine et l'empêcher de jamais prendre sa revanche. On le voit, c'est un duel à mort entre les deux pays. Reste à savoir si les puissances européennes laisseront le Japon aller jusqu'au bout. C'est ce que nous allons examiner.

LES PUISSANCES ÉTRANGÈRES

Nous comprenons fort bien que les puissances étrangères, reconnaissant l'immense supériorité du Japon actuel sur la Chine, au point de vue civilisateur, hésitent à s'interposer en faveur de cette dernière qui les a, d'ailleurs, toujours leurrées. Elles se rendent compte également qu'il serait peut-être impossible, ou au moins dangereux, d'essayer de forcer la main au Japon. Grisé par ses succès, celui-ci se croit sans doute plus puissant que la France, l'Angleterre et la Russie, et cette dernière commence à le comprendre, ainsi qu'en témoignent les articles de ses journaux. Ils insistent sur la nécessité d'une entente européenne pour exiger la neutralité de la Corée qui, si elle passait entièrement aux mains du Japon, pourrait devenir un nouveau Bosphore dans l'Extrême-Orient. La Russie doit aussi demander, d'après le *Novosti*, la cession d'une portion de la Mandchourie avec une partie de côtes, afin de permettre au chemin de fer transsibérien de s'étendre facilement jusqu'à l'océan Pacifique. Au besoin, elle devrait s'entendre avec l'Angleterre à ce sujet. L'intention bien arrêtée du gouvernement russe est de ne tolérer aucune aliénation de l'indépendance de la Corée. On le voit, la question d'Orient n'est plus aux rives de la mer Noire ; elle est transportée sur les rivages de l'océan Pacifique, où elle devient la question d'Extrême-Orient.

Un ancien ministre de la Grande-Bretagne, longtemps résident à Pékin, sir Thomas Wade, nous l'affirme [1]. « La question chinoise deviendrait un problème de première importance pour l'Europe (si on laissait le Japon écraser la Chine). Il s'agit, en effet, de savoir qui marcherait la première de la Russie, de l'Angleterre, de la France ou de l'Allemagne. Qui devra diriger et instruire ces grandes masses formées de gens durs à la fatigue, obéissants et des plus faciles à gouverner ? Même une tranche de la Chine avec ses millions de soldats donnerait à une puissance européenne une pré-

[1] *The Chino-japanese conflict and after,* by sir Thomas Wade (*The Contemporary Review.* Novembre 1894).

pondérance d'un poids immense dans les conseils du monde. »
Selon lui, c'est certainement la Russie qui mènerait la campagne :
n'a-t-elle pas en ce moment 70 000 hommes de troupes à Vladivostock et une douzaine de navires de guerre dans les eaux chinoises.
Il est vrai que l'Angleterre n'a pas moins de 27 navires de guerre
dans les mêmes eaux. C'est la plus forte escadre qu'elle y ait
jamais envoyée. La France y compte une douzaine de bâtiments et
l'Amérique quatre. Nous ne connaissons pas l'effectif de l'Allemagne. Pourquoi l'Angleterre s'est-elle mise là-bas sur un pareil
pied de guerre? Écoutons la réponse bien nette, faite par M. Boulger
dans le *Globe* et reproduite dans le *London and China Telegraph*
du 5 novembre dernier : « Ce n'est pas tout à fait pour la seule
protection des résidents anglais en Chine que nous avons envoyé
une si forte escadre dans ces mers. Il y a des raisons bien autre-
ment urgentes. Lorsque, la guerre finie, arrivera le moment de traiter
et celui des arrangements, les navires russes et français auront besoin d'être surveillés de beaucoup plus près que les chinois ou les
japonais, et dans l'amiral sir Ed. Fremantle, nous avons heureuse-
ment l'homme de la situation, *the right man in the right place.* »

Suivant sir Thomas Wade, les Russes lui paraissent cependant
tout particulièrement faits pour le travail d'expansion, qui est leur
politique actuelle. Ils ont une grande faculté d'adaptation et un
charme social qui plaît d'autant plus aux Asiatiques que les Russes,
surtout ceux de Sibérie, sont Asiatiques eux-mêmes. D'un autre
côté, ils sont très capables en ce qui concerne l'instruction et l'organisation militaires, et ces capacités appliquées aux Chinois produi-
raient, dit-il, des résultats qui étonneraient le monde. « Les
Japonais peuvent être certains que la Russie, qui a 4000 milles de
frontières communes avec la Chine, ne leur laissera pas tout faire,
même s'ils sont victorieux jusqu'au bout. Il leur faudra s'entendre
avec le tsar... Mais l'intervention de la Russie au nord amènera
forcément celle de la France au sud, et une alliance entre ces deux
nations forcera la seconde à suivre la direction de la première.
Mais alors l'Angleterre se trouvera, *nolens volens*, engagée dans le
conflit où elle n'a aucun intérêt à voir la Chine brisée ou détruite.
Malgré tous les progrès faits par le Japon, qui adoptera bientôt
peut-être la langue anglaise, la Chine paraît plus digne d'intérêt
que le Japon. » Il est vrai que le savant diplomate anglais connaît
peu les Japonais, et son très long séjour en Chine l'a un peu pré-
venu en faveur de ce pays, dont il admire beaucoup l'institution
démocratique des examens.

Pour lui, la question finale n'est pas qu'il faut craindre d'être
envahi par la Chine, mais bien de savoir « quelle sera la nation

occidentale qui absorbera celle-ci ; car, quelle qu'elle soit, elle aura alors la puissance nécessaire pour dévorer toutes les autres ». C'est sans doute cette conviction qui pousse les Anglais à essayer, depuis dix ans, de conclure avec l'empire chinois une alliance offen-sive et défensive en vue de contrecarrer en Asie la puissance tou-jours croissante de la Russie. Ce thème est défendu par M. Boulger, dans la *Fortnightly Review*, mais sans grand succès, paraît-il.

Il semble prématuré de peser l'avantage que peut comporter pour l'humanité le triomphe définitif du Japon, bien qu'il n'y ait pas à douter que le malheur des Chinois serait un bonheur pour le monde. Sir Thomas Wade pense que le Japon n'arriverait pas à imposer un nouveau gouvernement à la Chine, même si on lui lais-sait les mains libres. « En un mot, dit-il, pour conclure, la victoire complète des Japonais amènerait l'annihilation de la nationalité chinoise suivie de près, dans un temps donné, d'une suppression analogue de son vainqueur. » Il laisse à d'autres le soin de résoudre le problème suivant : Quels avantages pourra retirer, en définitive, le monde étranger de causes aussi terribles à contempler ?

Quoi qu'il en soit, comme le prédisait si bien, dès juillet 1884, M. le lieutenant de vaisseau G. Baudens, dans la *Revue maritime et coloniale*, « le pivot de l'histoire future de l'Extrême-Orient est en Corée. Sur son sol se décidera le problème de la suprématie agité par la rivalité de la Chine, du Japon et de la Russie... On saura sans doute bientôt si le Dragon et l'homme du Nord doivent vider leurs querelles dans les vallées de la Corée... Il faut espérer que, quelle que soit, au point de vue géographique, l'issue de ces luttes, le paganisme, la bigoterie et la superstition en Corée et dans toute l'Asie finiront par disparaître, et qu'à leur place la reli-gion chrétienne, la science et les sentiments de fraternité envers l'humanité prendront racine ».

Nous souhaitons de tout cœur qu'il en soit ainsi et que le conflit prévu par l'officier de marine français ne devienne pas celui de l'éléphant contre la baleine, suivant une expression anglaise, c'est-à-dire entre le lion britannique et l'ours moscovite, ce qui amène-rait sans doute une perturbation considérable, sinon une guerre entre plusieurs nations européennes. Espérons, au contraire, avec lord Rosebery, que la Russie et l'Angleterre se mettront d'accord sur la solution que peuvent admettre leurs intérêts respectifs en Extrême-Orient et que les grandes flottes assemblées dans la mer de Chine continueront de maintenir une entente commune, dans l'intérêt de la paix générale du monde.